Socorro Soto Alanís

Réquiem para dos hermanos

artepoética press

Colección
Rambla de Mar

Nueva York, 2018

Title: Réquiem para dos hermanos

ISBN-13: 978-1-940075-60-0
ISBN-10: 1-940075-60-2

Design: © Ana Paola González
Cover & Image: © Jhon Aguasaco
Editor in chief: Carlos Aguasaco
E-mail: carlos@artepoetica.com
Mail: 38-38 215 Place, Bayside, NY 11361, USA.

Socorro Soto Alanís

Réquiem
para dos hermanos

Colección
Rambla de Mar

CONTENIDO

¿De qué color es el cielo que habitan?
¿Es cierto que hace frío?

¿Se acuerdan hermanos
lo amplio de la cocina
una luz que jugaba en la mesa?
Patio azul, alberca.

Entonces patio quería decir juego
claridad en las macetas.
Niños llenos de risa
mediodía en provincia
medio siglo y un cancionero.

De los helechos cae un abanico
y canta en múltiples colores.

Don Raúl nos lleva al río
el campo se abre a los pájaros.
Nuestro patio grande, también azul
niños que hacen del mundo una pelota.

De regreso a casa,
Don Raúl cierra la puerta.

Aroma de pan
sonrisa de nostalgia.
Siempre la abuela
calle ancha.
Una bicicleta
para recorrer el continente
con listones colgados
horizonte de arcos y cigarras.

De regreso
canto de grillos
huele de noche
y la abuela siempre ahí,
sonrisa triste de luciérnaga.

La luz baila entre la enredadera
a la orilla de la alberca
arco iris de cristal
ventanas abiertas
pandero de madreselva.

Entonces las mañanas
querían decir mamá
Buenos días
vamos a la escuela
provincia durangueña
y puente de cantera
que vigila la acequia.

¿De qué color es el paraíso?
Humedad de siglos.
Un tren silba en las mañanas
Carga el hierro del Cerro de Mercado.

Por esa razón llegaron
con botas y espada
cruz prendida al pecho.

Pero la acequia no se movió.
El oro cambió de color
por el rubor de la sangre
por el crepúsculo
por el mineral
y por la aurora.

Casa abandonada
tatuajes de telaraña
paredes de musgo y nostalgia.

La luz jugó con nosotros
mientras, la tía Albina persignaba al destino,
escapulario de rezos y suspiros.
Cartas ya marcadas desde entonces.

Manecillas pacientes,
entre tic tacs
que todo lo sabían:
La hora precisa
el fin de nuestro viaje.
Pero no dijeron nada
cómplices callaron,
nos dejaron subir al carrusel del tiempo.

Ustedes eran los más pequeños
granos de café sus ojos
abiertos entre geranios.

Asombrada los oía
triste, con indicios de poeta.
Nadie me alertó de la tragedia.

Somos herederos sin fortuna
llegamos desde lejos a una mina
a un aserradero,
en La Noria se asomó el destino.
Crucero de cuatro caminos
sin aviso previo.

Somos náufragos de la sequía
mezquites
matorrales
bajo el rebozo de la abuela
que nos persigna en la mañana.

Aroma de café de olla
duraznos en el patio de cantera.
¿Dónde quedaron tus oraciones abuela?

En el Cerro de los Remedios
horizonte sin fin
nos sentimos capitanes,
bucaneros,
sudorosos llegamos a la cima
portal del sol
mediodía de anhelos.

Nadie nos advirtió de la miseria
ni lo hubiéramos creído.
El mundo era transparente y grande.
Brincos entre matorrales
palabras sencillas de gorriones
y un pedernal en el bolsillo.

Fuimos chiquillos
inocencia resguardada
cielo de azul ardiente
mañana sin fin
risas prolongadas.

Tal vez con eso debo conformarme
niña privilegiada
atardeceres en la Acequia Grande
paseos en bicicleta por el parque.

Encantados y leyendas
en noches sin luz.
Presagio de tragedia.

¿Recuerdan cuando se inundó
la Acequia Grande?
Y nosotros en medio del mar
rumor de olas que llenó la calle
corazones al compás del latido inmenso.

Del más allá venía el agua
chiquillos descalzos
pescadores
marineros
latas de sardina con bandera
pañoletas al viento
vibración de océano.

Era el mar más antiguo
nos lo encontraríamos después
en otra esquina.

Cuando el país no olía a guerra.
Cuando el país era un mapa sin violencia.

Anclados en el puente de cantera
aventura de ojos infantiles
himno de luz sin horizonte
posibilidades inmensas.

Las calles cambian de imagen
bañadas en la tormenta.
Rostros corren calle abajo
buscan el ropero, el zapato
todo se lo llevó el agua
hasta el poniente.

Cantera de ciudad limpia
todavía sin murallas.
Corazones impetuosos
Todavía sin miedo.

Por eso,
los árboles de enero están tristes.

Por aquél mediodía
en que te llevé al rincón oscuro.
Tu figura alta,
tan alta como la luna
como la muerte
como aquella tarde
en que te fuiste con el frío.

Hacedores de todos los oficios
en la maquila, noches en vela
explotación moderna
salarios de miseria.

En la línea de la frontera
territorios divididos
en medio la pobreza
casuchas de lámina
que aumentan el maleficio moderno.

Ríos de tequila
y la tía Juana
gorda y morena
entretiene a la migra
ojos verdes al acecho,
para que los rostros cafés
cafés los ojos
naden a contracorriente
a través del gran río.

En el aserradero
trepados en el camión
Sierra Madre
y un abuelo de leyenda.

Entre pinos y abejorros
alrededor del fuego
perdidos en la naturaleza
niños primitivos
Catedral verde olivo.

Entonces los niños que eran mis hermanos
cantaron un himno extraño
coro de pedernales y cascadas
mientras el camión subía
entre serpientes y escaleras.

Abuelo fuiste y serás
el fuego,
la llama,
la luz primera.

En el taller
con el ingenio de Aureliano
la magia de Melquiades
y la soledad de nuestra estirpe.

Llamada que cimbra mi existencia
Punzada en todas la partículas
Escalofrío alucinante
Relámpago sin piedad,
implacable y frío.

Y un celular
en el suelo llora conmovido.

Dime que no es cierto hermano,
que mañana domingo llamarás
para preguntar cómo estamos.
Que estarás pendiente de mi madre
de mis hijos
que comeremos juntos
alrededor del fuego.

Dime que no es cierto hermano,
que es una pesadilla
que estás en tu trabajo
que llegarás mañana
cuando despierte el día.

En medio de la pesadilla,
aprieto los ojos
corro por las calles
la banqueta llora conmovida.

Nunca más serán aquellas
donde brincamos la cuerda.
Fue como caer de la bicicleta
mi cuerpo al aire disparado.

Vuelo de acero
abre la tibieza de tu cuerpo
rompe el nervio, el hueso.

Un líquido vital
viscoso
pleno
moja la mina
limpia la tierra
cierra tus ojos tristes.
Y te entregas.

Una voz
atrás de mi garganta
alza la voz en medio del desastre.

Otra voz
más antigua y quieta
calla mi voz,
es mi sangre.

Esa voz que calla
es la voz de nuestro padre
que llora en silencio.

Es el abuelo
que allá en la sierra
se quita el sombrero.

Es mi sangre
tu sangre
que asustada
emite un lamento.

¿En qué pensabas, hermano?
En tu hija más pequeña
noches en la sierra
en tu mujer
en el comal de la abuela
en tus deudas.

¿En qué pensabas, hermano?
En tu nieta
en la frontera
en tus entrenamientos
vaso de peltre
almuerzo con mamá
obligaciones asumidas
sin recompensa.

¿En qué pensabas, hermano?
En tu vida fulminada
proyectos inconclusos
cancha de beisbol
alberca tibia,
en nada.

Entonces ciudad quería decir paloma
y amanecer un cerro verde
después lo fraccionaron,
francotiradores.

Fue así
que las calles se quedaron solas
ruidos extraños y convulsos,
eran metralletas.

Nuestras risas naufragaron
entre el sonido de las balas
cuerpos danzantes
mutilados
colgados en los puentes de cantera.

Y de ese tiempo a la fecha
ciudad quiso decir fandango.

Se desconecta el cerebro
El corazón se apaga.

Se acaba el sufrimiento
La angustia se detiene.

Se cierra la agenda
El celular se asusta y vuela.

Se va la vida
Nos cae tierra encima
Volvemos a la nada.

Miro al horizonte abierto
¿Están ahí?
Infinito en el que se pierden.

Mientras . . .
Acá nos consume un dolor desconocido
duro
opaco
frío.

Qué dolor el de perderlos hermanos
dolor que hiere
dolor ardiente
dolor profundo
dolor seco.
Torbellino.
Hachazo.

Dolor imparable
que despierta de madrugada
que vuelve las tardes tristes
que convulsiona
que agrede
que lastima.
Dolor que duele.

Carretera triste
Ojivas en los matorrales
Territorio abatido
Fantasmas en el llano.

Aire seco, putrefacto.

Campo minado
jóvenes sin porvenir, tus hijos
proyecto inacabado.

Campo santo
cruces asustadas
los nombres se han borrado.

Llano de llamas
voces escondidas
territorio triste
donde se pasea la guerra
en medio de fantasmas.

Cuando pase el viento oscuro
abriremos de nuevo la ventana
saldremos al campo
iremos a la sierra durangueña
que hoy llora abandonada.

Entonces . . .
Campo querrá decir mañana.

Nadie me dijo de su tristeza
para haberla ahuyentado
con mis rezos.
Hadas madrinas de mi infancia
Arcángeles de la iglesia.
Pero más que todo
con las oraciones de la abuela.

Nadie me advirtió de tu tragedia
maldito asesino entre la hierba
bestia al acecho
mirada puesta sobre tus venas
y un gatillo de la muerte
ansioso en el cerro espera.

Nadie me preparó para tu ausencia
ni para el cáliz de tu sangre
ni para tu cuerpo abandonado
mina sin fortuna
matorrales y tierra seca.

¡Maldito!
¡Mil veces maldito!
Enano de la violencia
Perverso matarife
Barón de las tinieblas
Asesino a sueldo
Aquí están tus tres monedas:

Púdrete con ellas.

Desde entonces . . .
Sin permiso,
las lágrimas cantan
lluvia desvelada
aquella que me despertó
y no supe interpretar.

De manera que era eso
ruido extraño y dulce
que venía de lejos
regaba la calle.
Era de madrugada.

La vi desde mi ventana
Canto de muerte mustia
Epifanía del dolor
me engañaste con tu aroma.

Era el instante de tu muerte adelantada.
Ahora lo sé.
De manera que era eso.

Llegaste sin vida al aeropuerto
Pegaso de acero triste.
Sonreías, sin movimiento.

Equinoccio solitario de verano
cobija de cuadros
inútil para tu rostro helado
lejos de la sangre derramada.

Ahí te encontré
tus labios finos
-como los de Papá-
Anhelos enterrados
despedida de todas las presiones.

Tan breve como intensa
fue tu vida.
Injusta para tu bondad
Hermano que me deja.

Ante tu alma inmóvil
Me hinco y te bendigo.

Si la muerte mandara un aviso
Señora del dolor
Portera del campo santo
Guardiana de la noche
entonces, tal vez,
la estrujante noticia
no golpearía de tajo.

Estremecimiento total
que fulmina el esqueleto
Respiración que se va
golpe seco.

Y mi alma huérfana
huidiza,
se estremece desde entonces
todas las mañanas.

¿En dónde se fraguó el espanto?
En la ambición
en los cerros áridos sin viento
en la presa seca
caminos desterrados
miseria de almas extraviadas
olvido de cuatrocientos cincuenta años.

Los candelabros se apagan
oscuridad de mantas asustadas.
Desde entonces . . .
caminamos por la vida temerosos
con el miedo en cada esquina
angustia nocturna
total desasosiego
como aquél de las pesadillas en la infancia.

Ronda macabra
Fantasmas sin reposo
Desaparecidos
Colgados en los puentes
Espíritus extraviados
Decapitados.

Y una cobija de cuadros
tapa la angustia
de cuerpos ultrajados.

Entonces los herederos de Caín
mataron miles de hermanos.

La mala hierba creció
Así lo permitimos.

Juego macabro
Metralletas y fusiles
Así lo permitimos.

Maremoto de sangre
Barones de la muerte
Oscuridad sin fondo
Así lo permitimos.

Madres sin consuelo
Hijos marcados por el miedo
Viudas sin aliento
Y en medio del espanto
Sin fuerza
Con el dolor de ausencia repentina
Sin tu abrazo
Sin esa sonrisa
Sin tu angustia
Estoy yo,
Me quedo sola
S
   O
      L
         A

Cuatro letras abatidas.

De ese tamaño es nuestra tragedia
entre el polvo seco del norte,
territorio abandonado.

Mientras . . .
vestidos de luces y lentejuelas
los barones del poder
atestados de riqueza
germen putrefacto
sonríen y reparten su miseria.

Lejos del dolor
tapados por su ego
ocultan en la pantalla su miedo.

Sociedad enferma
niños que juegan a sicarios
que desean su metralleta.
Sociedad podrida
apesta.

De un tiempo a la fecha
lloramos todos los miércoles
los domingos nos conmueven
terror de noticias amargas.

Territorio sin ley.
Patria desgajada
metidos en la cueva sin linterna
latitudes temblorosas
espaldas de tatuajes violentos
Desventura con anzuelo.

Mañana maldita la de julio
cerros olvidados
codicia del que busca oro
arbustos con olor a estiércol.

Y el caos como rey
en tierra de miseria.

Ochenta mil cruces
Madera de brazos tristes
Tierra que llora
Hijos sin volver
en un país de olvido.

Ochenta mil cuerpos abatidos
Noche que no termina
Plazas desoladas
donde el quiosco llora.
Campanas de lamento
Réquiem eterno.

Ochenta mil heridas
Llagas de la patria
Insomnio interminable
que moja las sábanas de llanto.

Ochenta mil lágrimas
Rosario de agua salada
Rostros que envejecen
en medio de patios olvidados
tristes por la ausencia.

Ochenta mil soledades
Cada quien la suya.

 En medio de un olor a fosas clandestinas
a bestias putrefactas
Firmo mi renuncia.

Y ustedes hermanos
Ofrendan su vida.

No vivimos cincuenta años en vano.
No corrimos de niños por la Acequia Grande para
esto.

Todo es inútil
Ya no están
Se han ido.

Yo firmo este poema.
Uno entrega la sangre.
El otro el corazón herido.

Animal escurridizo
Triste por sus latidos.
Espíritu extraviado
Patriarca de mi estirpe.

Un líquido viscoso
escurre entre las minas
sangra una desventura.

Tatuajes de dolor
que dura un siglo.

Héroes anónimos
Incomprendidos.
Niños que sueñan
con barcos de papel sobre el arroyo.

Desde aquel aserradero
en el corralón
en el patio con helechos.

Hermanos:
Hemos perdido la partida
Polvo somos
Dos crucen que en el Oriente me esperan.

A tu asesino, hermano,
LO MALDIGO.

Yo te maldigo
entre el espanto de la madrugada.

Por mi madre
que llora todas las mañanas.
Por tu rabia
por tu maldad acumulada.

Por los caminos abandonados
Por tu risa macabra, te maldigo

Yo te maldigo
Esqueleto putrefacto
Dedos del gatillo oscuro
Perverso reptil,
Cobarde.

¡Maldito seas!
Amén.

Sin protocolo
Con sobriedad
Con nuestro mal genio.

Sin simulaciones
En la austeridad
Noches desveladas
Viajes imprevistos.

Con la angustia cotidiana
de tres décadas perdidas
Puertas que se cierran
Exclusión, soberbia.

Así nos mantuvimos
Con esa altivez de no sé donde
Estirpe que lucha contra el olvido.

Con la frente en alto
Y un corazón herido
Con el alma en vilo
Con las venas abiertas
Ya sin latido
Nos entregamos al adiós.

Hermanos:
Hemos cumplido.
Al final . . .
La vida resultó
una lucha
por la sobrevivencia.

Juego de ajedrez
perdido de antemano
contra el tiempo.

A pesar de todo . . . llegarás
como luna nueva.

Entonces . . .
Ciudad querrá decir calles abiertas.
Regreso a brincos de la escuela.

Volverán una madrugada sin tristeza
en el camión del abuelo
entre risas de chiquillos
al otro lado del arroyo.

Llegarán . . .
Entre el ruido de campanas
Paloma blanca en la plaza
Murmullos de paz
Ciudad recuperada.

No rezamos a Dios
Ni inventamos rondas nuevas
No queremos este olor
Ni esta sangre en los pasillos
Ni este tormento
Ni esta pesadilla.

El sacrificio ha sido ofrendado
Sea ya la sangre suficiente
Dolor que recorrió todas las calles
Los cerros
Las esquinas.

Que llegue la luz
Las palomas al quiosco
Agua limpia en las presas
Y un girasol cada mañana.

Marzo 2013
Durango, Dgo.

www.ingramcontent.com/pod-product-compliance
Lightning Source LLC
Chambersburg PA
CBHW031226090426
42740CB00007B/724